A mi esposa, Gabriele, que alentó mis grandes sueños de elefante de convertirme en escritor, y a mis hijas Christine y Celine, para que tengáis un futuro con elefantes salvajes en él.

-RGdeR

Madre de elefantes

La historia de Daphne Sheldrick

R.G. de Rouen -ilustrado por Kateryna Rohotova

Daphne dudaba de que hubiera nada más hermoso que su hogar en el Gran Valle del Rift africano.

Le encantaba su amplitud, su cielo de un azul radiante y, sobre todo...

sus animales.

Grandes rebaños salpicaban el paisaje como las manchas de un leopardo. Y se imaginó a sí misma entre ellos.

¡Salvaje y libre!

Pasear entre animales salvajes era algo completamente normal para Daphne.

Eran Bob el impala, Daisy el antílope acuático y Ricky-Ticky-Tavey la mangosta. Todos eran animales que sus padres cuidaban en su granja de Kenia.

¿Qué canto de pájaro era ése?
¿Qué criatura había dejado su marca en el barro?

Para Daphne, la maravilla de la naturaleza estaba en todas partes.

Cuando Daphne era chica, la pusieron a cargo de un antílope huérfano.

Lo llamó Bushy y estaba decidida a ser la madre que había perdido.

"Un animal salvaje sólo es prestado", le recordó su padre, "si lo amas de verdad, debes liberarlo cuando la naturaleza te llame".

Daphne lo prometió. Sin embargo, como no quería perder a Bushy, le colgó un cencerro al cuello.

Sonaba TING, TING, TING la campana mientras trotaba tras ella.

Hasta que un dia...

Bushy se había ido. Las lágrimas de Daphne podrían haber inundado un río. Habría dado cualquier cosa por recuperar a su amiguito.

Daphne creció y se casó con un hombre que compartía su amor por los animales y la naturaleza. David Sheldrick era el director de un gran parque nacional llamado Tsavo.

A menudo acampaban junto a una charca y observaban cómo los animales acudían a beber.

Sus favoritos eran los elefantes. Aparecían silenciosa y graciosamente. Alegres trompetas y estruendos llenaban el aire cuando los elefantes se saludaban.

¡Qué majestuosos eran!

Daphne y David deseaban que todo el mundo sintiera lo mismo por estos maravillosos animales.

Por desgracia, no todos lo hacían.

Los cazadores furtivos entraron en el parque para cazar marfil de elefante. David envió guardabosques por aire y tierra para detenerlos.

Por desgracia, a menudo encontraban elefantitos que habían perdido a sus madres a causa de estos cazadores.

Era Daphne quien cuidaba de ellos.

Un día llegó un camión con el elefante más pequeño. A Daphne se le encogió el corazón. Sabía que necesitaba la leche de su madre. Sin embargo, nadie había criado nunca un elefante tan joven.

¿Lo lograria Daphne?

Daphne probó a mezclar distintas fórmulas de leche para la elefanta a la que llamó Aisha. Leche de vaca. Leche maternizada. Nada funcionó. Aisha estaba cada día más débil.

Hasta que una lata llamó la atención de Daphne. Contenía aceite de coco.

¿Funcionaría?

¡Y sí!

Pronto, Aisha se hizo más fuerte y siguió a Daphne a todas partes...

en el jardín,

en paseos por la
naturaleza,

Fue entonces cuando Daphne lo supo. ¡Esta cría de elefante había decidido que
ella era su madre!

Durante meses todo fue bien hasta que Daphne se fue de casa unos días.
Aisha se puso enferma del corazón y se negó a beber su leche.

Daphne volvió corriendo a casa, ¡pero ya era demasiado tarde!

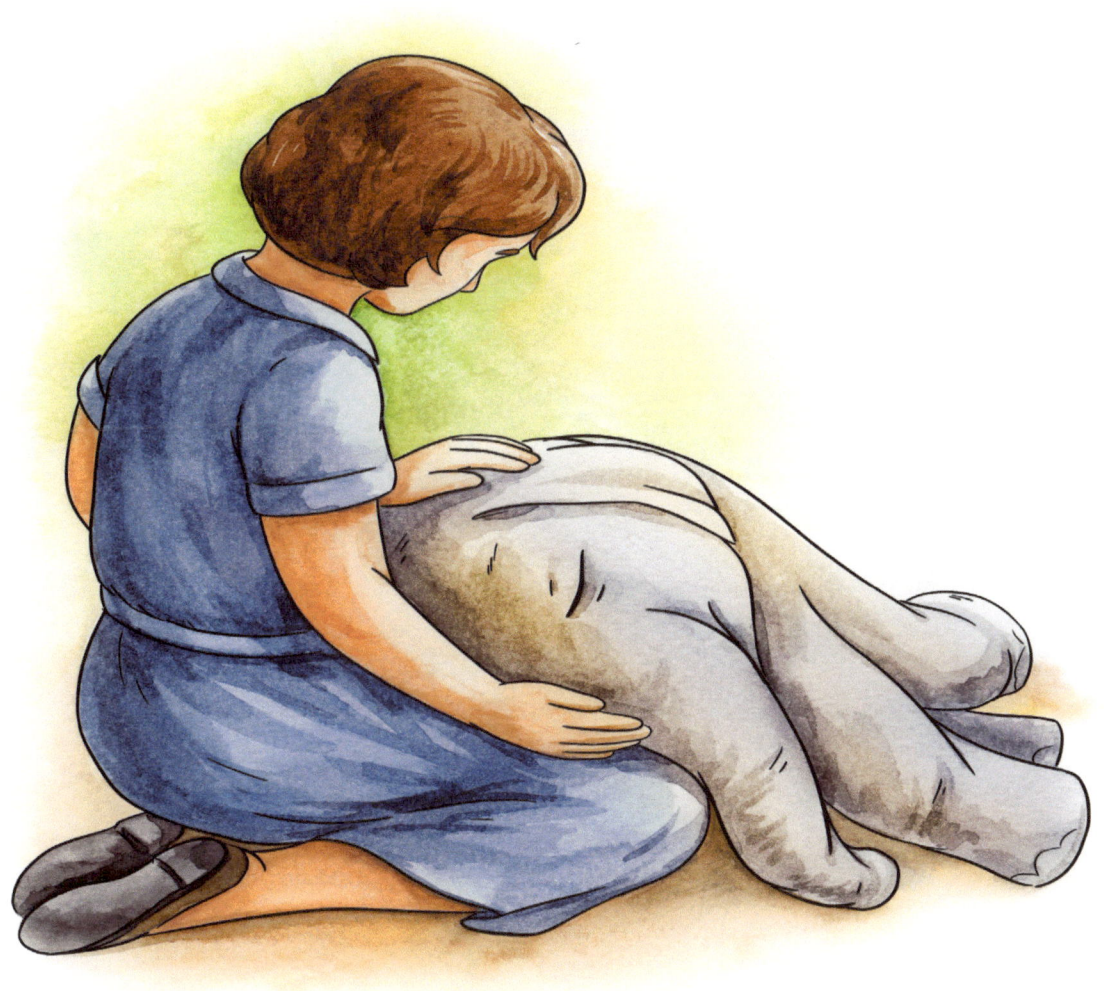

Daphne lloró amargamente al darse cuenta de su error. Aisha se había encariñado demasiado con ella. Las crías de elefante que vivían en libertad tenían toda una manada para guiarlas y protegerlas.

Daphne estaba decidida a darles eso a los nuevos huérfanos.

Contrató y formó a cuidadores para que ayudaran a atender a los elefantes huérfanos día y noche.

La hora de comer era especial.

Los cuidadores utilizaban un truco muy útil para dar el biberón a los más pequeños. Se escondían detrás de unas mantas enormes que parecían el cuerpo caliente de su madre elefanta.

Por supuesto, ¡también hubo tiempo para jugar!

Los elefantes disfrutaron chapoteando
y empujándose unos a otros en el barro,

soplando burbujas en sus bebederos...

¡o pateando la pelota con sus cuidadores!

Después de un día lleno de diversión, no todos estaban listos para irse a la cama. Algunos elefantes tuvieron que volver a sus corrales con otra botella de leche.

Cubiertos con suaves mantas, los elefantes pasaban la noche junto a sus cuidadores. Los cuidadores rotaban cada día, para que los elefantes no dependieran de una sola persona, como había hecho Aisha con Daphne.

Las noticias del Proyecto Huérfanos de Daphne pronto crecieron como los árboles que había plantado alrededor de su casa.

Daphne tenía ahora los ingredientes para ayudar a las crías de elefante. Era su fórmula especial, ¡y mucho, mucho amor maternal!

THE DAVID SHELDRICK

WILDLIFE TRUST

VISITING

BETWEEN 11-12 NOON

Con el tiempo, los elefantes crecieron lo suficiente como para reunirse con las manadas salvajes.

La alegría llenó el corazón de Daphne. Recordó las palabras de su padre, pronunciadas hacía tanto tiempo, de que amar de verdad a un animal salvaje a tu cuidado es liberarlo.

Vio cómo decenas de sus antiguos huérfanos acudían desde muchos kilómetros de distancia para saludar a los recién llegados.

Entonces, de vuelta a empezar.

¡Una vida salvaje y libre!

ELEFACTS

¿Colmillos derechos o colmillos izquierdos?

Los elefantes utilizan sus colmillos para muchas cosas, como arrancar la corteza de los árboles, cavar, levantar objetos, luchar contra los depredadores o para batallar con otros elefantes. Pero ¿sabías que, igual que los humanos somos diestros o zurdos, los elefantes pueden tener el colmillo derecho o el izquierdo? El colmillo preferido se conoce como colmillo maestro.

¡Superprotector solar!

Ya has descubierto que los elefantes disfrutan con un buen baño de barro. Pero chapotear en el barro húmedo no es sólo por diversión. Igual que los niños se ponen protección solar para bañarse en la playa o en la piscina, los elefantes también necesitan hacerlo. Aunque no lo parezca, su gruesa piel es muy sensible. Para protegerse del sol abrasador, los elefantes se rebozan en barro o arena. Esto también sirve para ahuyentar a los molestos insectos. Una vez secos, tienen protector solar instantáneo.

Control muscular

La trompa de los elefantes es lo bastante poderosa como para arrancar de raíz un árbol, pero lo bastante delicada como para recoger hasta la baya más diminuta. Sin embargo, los elefantes no nacen con la capacidad de controlar los miles de músculos de su trompa. Tienen que aprenderlo. Se sabe que, al principio, las crías de elefante tropiezan incluso con su propia trompa. ¡Imagínate caerte sobre tu propia nariz!

Memoria poderosa

Con su asombrosa memoria, los elefantes pueden encontrar antiguos caminos de forraje y localizar fuentes de agua a muchos kilómetros de distancia. Los elefantes pueden encontrar pozos de agua que no han visitado en años o reconocer elefantes que conocieron hace mucho tiempo. Así pues, ¡un elefante nunca olvida!

¡Vaya, qué orejas más grandes tienes!

Las orejas de un elefante miden aproximadamente 1/6 del tamaño de su cuerpo y, además de ser superreceptores auditivos, son excelentes para mantenerlo fresco. Con sólo agitar las orejas como gigantescos abanicos cuando no hay viento, los elefantes pueden hacer que su temperatura corporal descienda 10 grados Fahrenheit (12 grados Celsius). Cuando sopla el viento, los elefantes miran hacia él y abren las orejas para captar su frescor.

¿Oír con los pies?

A corta distancia, los elefantes captan el sonido, como nosotros, a través del oído. A larga distancia, los científicos han confirmado que los elefantes son capaces de oír a través de los pies. Las ondas sonoras provocadas por las trompetas se convierten en temblores que los elefantes pueden captar con los pies. Eso sí que es hacer una llamada de larga distancia.

Súper esparcidor

Mientras los elefantes caminan hasta 121 millas o 195 kilómetros diarios, dejan tras de sí montones de caca. Los excrementos no sólo contienen alimento para animales como los escarabajos peloteros, sino también semillas de árboles y otras plantas. Como los elefantes esparcen nuevos brotes por todas partes, se les considera una "especie clave", lo que significa que son importantes para la vida de plantas y animales.

Dormir de puntillas

Los pies de elefante parecen planos, pero el esqueleto interior muestra un talón más alto que los dedos. Los dedos están acolchados por grandes almohadillas. Estas almohadillas ayudan a soportar el enorme peso y también explican por qué los elefantes se mueven tan silenciosamente. Por la noche, los elefantes salvajes duermen tan sólo dos horas, casi siempre sobre los dedos de los pies. Así pueden estar alerta ante cualquier peligro.

¿Colmillos por baratijas? ¡Nunca!

Los colmillos de un elefante son a la vez una bendición y una maldición. Para los elefantes son una herramienta necesaria para sobrevivir, pero sus colmillos también les exponen a ser cazados. El marfil se utiliza principalmente para fabricar joyas y estatuas que se venden en mercados de todo el mundo. Muchos países han prohibido la venta de marfil. Sin embargo, es necesario que muchos más se sumen a la prohibición para que ningún elefante tenga que sufrir.

Nota del autor

Las semillas de este libro empezaron con mi visita al Orfanato de Elefantes de Daphne en Nairobi, Kenia. Fue allí donde entré en contacto (literalmente) con una joven elefanta llamada Imenti que procedió a tragarse mi brazo y a llevarme de un lado a otro. El equipo de Daphne me dijo que era una señal prometedora, ya que Imenti se estaba recuperando de una larga enfermedad. Aunque en aquel momento sólo vi a Daphne en la distancia, pude sentir el amor que su presencia infundía a sus pequeños pupilos.

Un momento culminante para mí como profesora fue cuando mi clase decidió adoptar a Imenti. Recibíamos informes periódicos sobre sus cuidados y progresos. Es un testimonio de Daphne y su equipo que Imenti y otros huérfanos como él sigan vivos y prosperando en la selva de África.

Hasta la fecha, la organización de Daphne ha criado a mano a más de 300 elefantes. La unidad veterinaria móvil ha tratado a otros miles de elefantes heridos por lazos, flechas envenenadas, luchas territoriales o enfermedades. Probablemente el mayor testimonio del éxito del Proyecto Huérfanos de Daphne sea el hecho de que más de 30 crías han nacido en libertad de antiguos huérfanos. Lo más entrañable es cómo estos mismos antiguos huérfanos han vuelto a visitar a Daphne y a sus antiguos cuidadores a lo largo de los años.

Hubo muchos acontecimientos de la vida de Daphne que no pude incluir en este libro. Daphne era conocida por salvar la vida no sólo de elefantes, sino también de muchos otros animales. Su corazón latía por toda criatura viviente y nunca conocía la palabra "No" cuando se necesitaba ayuda. Apareció en varios artículos y largometrajes de National Geographic y PBS, así como en una película IMAX, Born To Be Wild. Incluso fue nombrada caballero por la reina Isabel II y pasó a ser conocida como Dame Daphne Sheldrick.

Lamentablemente, Daphne falleció el 12 de abril de 2018 a los 83 años tras una larga enfermedad. Apodada "La Madre Elefante", permaneció con los elefantes a los que amaba hasta el final. Su legado continúa con sus hijas, Jill y Angela, y sus nietos. ¿Sintieron los elefantes la muerte de su gran madre? Angela cuenta que la mañana siguiente al fallecimiento de Daphne, todos los elefantes huérfanos se alinearon en fila india para pasar junto a ella. "Esto es algo que nunca habían hecho antes", dijo. Sus palabras son un ejemplo más de la profunda capacidad de empatía de los elefantes.

Para más información sobre Daphne, puedes visitar sheldrickwildlifetrust.org en Internet o leer libros o artículos sobre ella. Mi favorito personal es Los héroes anónimos, en el que Daphne rinde homenaje a los muchos guardabosques, cuidadores y miembros de tribus locales y mujeres que han compartido el amor de la familia por los elefantes.

BIBLIOGRAPHY

Calkin, Jessamy. "The Woman Who Fosters Elephants in Kenya." The Telegraph, Telegraph Media Group, 24 February 2012.

Chadwick, Douglas. "35 who made a difference: Daphne Sheldrick." Smithsonian.com, 1 November 2005.

Chu, Simon, director. MyWild Affair: The Elephant Who Found a Mom, Season 1, episode 2, PBS, 14 January 2014.

Clifton, Merrit. "Daphne Sheldrick, 83, Showed Kenya That Wildlife Is Worth Most When Alive, " Animals 24-7, 15 April 2018.

Clifton, Merrit, et. al. "A Matriarch Remembers, by Daphne Sheldrick, D.B.E. (1934-2018)" Animals 24-7, 14 April 2014.

Cressey, Daniel. Q&A: "Elephant rescuer." Nature, volume 476, p. 281. 18 Aug. 2011.

Laffrey, Anna. "Mama elephant': How Daphne Sheldrick changed the fate of elephants worldwide." CNN. 15 August 2018.

Lickley, David, director. Born To Be Wild. IMAX 3D, 2011.

Neme, Laurel. "Elephant Foster Mom. A Conversation with Daphne Sheldrick," National Geographic, 6 December 2013.

Sheldrick, Daphne, and Mia Collis. The Unsung Heroes. Sheldrick Wildlife Trust, 2019.

Sheldrick, Daphne. An African Love Story Love, Life and Elephants. Penguin, 2013.

Acerca del autor

R.G. de Rouen es originario de Carmel, California, y lleva más de 25 años trabajando como profesor de primaria en escuelas internacionales de todo el mundo. Es licenciado por el Instituto de Literatura Infantil de Connecticut y disfruta enseñando técnicas de escritura creativa a sus alumnos.

Observar elefantes junto a la charca con su esposa es el recuerdo favorito de R.G. de Rouen durante un safari en Kenia.

Acerca de la ilustradora

Kateryna Rohotova (Kate) es una ilustradora de Ucrania. Se licenció en el Instituto Estatal de Cultura y Arte de Luhansk como artista digital. Trabajó durante ocho años como artista 2D en la industria de los videojuegos, pero en 2018 se convirtió en artista independiente. Ahora lo que más le gusta de su trabajo es crear ilustraciones en acuarela para libros infantiles. Entre sus aficiones se encuentran las manualidades, la fotografía, la cocina y los acuarios, pero dibujar es la principal pasión de su vida.

¿Qué pueden hacer los niños y las niñas para ayudar?

-No compres nada que contenga marfil.

-Averigua si se ha prohibido el marfil en tu país. Si no es así, puedes escribir a tu gobierno y pedirle que se una a la prohibición de toda caza y comercio de marfil.

-Adopte un elefante y reciba actualizaciones sobre el progreso del huérfano visitando el sitio web de Sheldrick para obtener más información: https://www.sheldrickwildlifetrust.org

-Investiga otros programas de protección de elefantes en los que puedas ayudar.

GRACIAS
¡Tanto por comprar este libro!

Espero que hayas disfrutado de esta historia de vida verdaderamente inspiradora de Daphne Sheldrick. Estaría muy agradecido si dejaras un comentario y me ayudaras a correr la voz. ¡Muchas gracias!

Como **BONIFICACIÓN** por tu compra, ¡obtén mi PDF **GRATIS**, que incluye una escena adicional y una divertida actividad de helado en una bolsa!

R.G. de Rouen

¡Obtén tu escena extra y actividad de helado GRATIS!

www.rgderouen/icecream